EL DHAMMAPADA

El Camino De La Rectitud

BUDDHA

Traducido para 2015 Angel publicación sociedad

ISBN-13:
978-1518759413

ISBN-10:
1518759416

CONTENIDO

Historia del Dhammapada

El Dhammapada es una colección de dichos de Buda en forma del verso y uno de los más ampliamente leídas y conocidas escrituras budistas. La versión original del Dhammapada es en el Khuddaka Nikaya, una división del Canon Pali del Budismo Theravada.

El título, "Dhammapada", es un término compuesto compuesto de dhamma y pada, cada palabra con un número de denotaciones y connotaciones. En general, puede referirse dhamma "doctrina" del Buda o una "verdad eterna" o "justicia" o los "fenómenos"; y, en su raíz, pada significa "pie" y así por extensión, especialmente en este contexto, significa "camino", "verso" (cf. "pie prosódicos") o ambos. Traducciones inglesas del título de este texto han utilizado varias combinaciones de estos y relacionadas con palabras.

Capítulo 1: Versos gemelos

1. Todos los estados encuentran su origen en la mente. La mente es su fundamento y son creaciones de la mente.

Si uno habla o actúa con un pensamiento impuro, entonces el sufrimiento le sigue de la misma manera que la rueda sigue la pezuña del buey...

2. Todos los estados encuentran su origen en la mente. La mente es su fundamento y son creaciones de la mente.

Si uno habla o actúa con un pensamiento puro, entonces la felicidad le sigue como una sombra que jamás le abandona.

3. "Me maltrató, me golpeó, me derrotó, me robó". El odio de aquellos que almacenan tales pensamientos jamás se extingue.

4. "Me maltrató, me golpeó, me derrotó, me robó". Quienes no albergan tales pensamientos se liberan del odio.

5. El odio nunca se extingue por el odio en este mundo; solamente se apaga a traves del amor. Tal es una antigua ley eterna.

6. Muchos desconocen que al disputar, perecemos; pero aquellos que lo comprenden, refrenan por completo sus disputas.

7. Al que vive apegado al placer, con los sentidos irrefrenados, sin moderación en la comida, indolente, inactivo, a ese Mara lo derriba, como el viento derriba a un árbol débil.

8. Al que vive consciente de las impurezas, con los sentidos refrenados, moderado en la comida, lleno de fe, lleno de sustentadora energía, a ese Mara no lo derribará, como el viento no derribará a la montaña.

9. Quienquiera que sea que carezca de autocontrol y no permanezca en la verdad, aunque se vista con la túnica amarilla, no es merecedor de ella.

10. El que se ha liberado de toda mancilla, está establecido en la moralidad y se curte en el autocontrol y la verdad, tal es merecedor de la túnica amarilla.

11. Los que imaginan lo no esencial como esencial y lo esencial como no esencial, debido a tan equivocado juicio nunca llegan a lo Esencial (Nibbana, el supremo refugio más allá de las ataduras).

12. Pero aquellos que ven lo esencial en lo esencial y lo inesencial en lo inesencial, debido a su correcta visión, perciben la esencia.

13. Así como la lluvia penetra en una casa mal techada, la avidez penetra en una mente no desarrollada.

14. Así como el agua no penetra en una casa bien techada, la avidez no penetra en una mente bien desarrollada.

15. El malhechor se lamenta ahora y se lamenta después. Se lamenta tanto aquí como allí. Siempre se lamenta y sufre percibiendo la impureza de sus propios actos.

16. El bienhechor se regocija ahora y se regocija después. Tanto aquí como allí se regocija. Se regocija; se regocija enormemente, percibiendo la pureza de sus propios actos.

17. Sufre ahora y sufre después. Sufre en ambos estados. «He actuado mal», se dice sufriendo. Además, sufre abocándose a un estado mas doloroso. Así el que mal obra.

18. Goza ahora y goza después. En ambos estados es verdaderamente feliz. «He actuado bien, se dice feliz. Además, abocándose a un apacible estado es feliz. Así el que bien obra.

19. Aunque uno recite muy a menudo las escrituras, si es negligente y no actúa en consecuencia, es como el vaquero que cuenta las vacas de los otros. No obtiene los frutos de la Vida Santa.

20. Aunque uno recite poco las escrituras, si se conduce según la Enseñanza, abandonando el deseo, el odio v la ilusión, provisto con una mente bien liberada y no apegándose a nada ni aquí ni después, obtiene los frutos de la Vida Santa.

Capítulo 2: La Atención

21. La atención es el camino hacia la inmortalidad; la inatención es el sendero hacia la muerte. Los que están atentos no mueren; los inatentos son como si ya hubieran muerto.

22. Distinguiendo esto claramente, los sabios se establecen en la atención y se deleitan con la atención, disfrutando del terreno de los Nobles.

23. Aquel que medita constantemente y persevera, se libera de las ataduras y obtiene el supremo Nibbana.

24. Gloria para aquel que se esfuerza, permanece vigilante, es puro en conducta, considerado, autocontrolado, recto en su forma de vida y capaz de permanecer en creciente atención.

25. A través del esfuerzo, la diligencia, la disciplina y el autocontrol, que el hombre sabio haga de sí mismo una isla que ninguna inundación pueda anegar.

26. El ignorante es indulgente con la in atención; el hombre sabio custodia la atención como el mayor tesoro.

27. No os recreéis en la negligencia. No intiméis con los placeres sensoriales. El hombre que medita con diligencia, verdaderamente alcanza mucha felicidad.

28. Cuando un sabio supera la inatención cultivando la atención, libre de tribulaciones, asciende al palacio de la sabiduría y observa a la gente sufriente como el sabio montañero contempla a los ignorantes que están abajo.

29. Atento entre los inatentos, plenamente despierto entre los dormidos, el sabio avanza como un corcel de carreras se adelanta sobre un jamelgo decrépito.

30. Por permanecer alerta, Indra se impuso a los dioses. Así, la atención es elogiada y la negligencia subestimada.

31. El monje que se deleita en la atención y observa con temor la inatención, avanza como el fuego, superando todo escollo grande o pequeño.

32. El monje que se deleita en la atención y observa con temor la inatención, no es tendente a la caída. Está en presencia del Nibbana.

Capítulo 3: La mente

33. Esta mente voluble e inestable, tan difícil de gobernar, la endereza el sabio como el arquero la flecha.

34. Esta mente tiembla como un pez cuando lo sacas del agua y lo dejas caer sobre la arena. Por ello, hay que abandonar el campo de las pasiones .

35. Es bueno controlar la mente: difícil de dominar, voluble y tendente a posarse allí donde le place. Una mente controlada conduce a la felicidad.

36. La mente es muy difícil de percibir, extremadamente sutil, y vuela tras sus fantasías. El sabio la controla. Una mente controlada lleva a la felicidad.

37. Dispersa, vagando sola, incorpórea, oculta en una cueva, es la mente. Aquellos que la someten se liberan de las cadenas de Mara.

38. Aquel cuya mente es inestable, no cono ce la enseñanza sublime, y aquel cuya confianza vacila, su sabiduría no alcanzará la plenitud.

39. Aquel cuya mente no está sometida a la avidez ni es afectada por el odio, habiendo trascendido tanto lo bueno como lo malo, permanece vigilante y sin miedo.

40. Percibiendo que este cuerpo es frágil como una vasija, y convirtiendo su mente tan fuerte como una ciudad fortificada vencerá a Mara con el cuchillo de la sabiduría. Velará por su conquista y vivirá sin apego.

41. Antes de que pase mucho tiempo, este cuerpo, desprovisto de la consciencia, yacerá arrojado sobre la tierra, siendo de tan poco valor como un leño.

42. Cualquier daño que un enemigo puede hacer a su enemigo, o uno que odia a uno que es odiado, mayor daño puede ocasionar una mente mal dirigida.

43. El bien que ni la madre, ni el padre, ni cualquier otro pariente pueda hacer a un hombre, se lo proporciona una mente bien dirigida, ennobleciéndolo de este modo.

41. Antes de que pase mucho tiempo, este cuerpo, desprovisto de la consciencia, yacerá arrojado sobre la tierra, siendo de tan poco valor como un leño.

42. Cualquier daño que un enemigo puede hacer a su enemigo, o uno que odia a uno que es odiado, mayor daño puede ocasionar una mente mal dirigida.

43. El bien que ni la madre, ni el padre, ni cualquier otro pariente pueda hacer a un hombre, se lo proporciona una mente bien dirigida, ennobleciéndolo de este modo.

Capítulo 4: Flores

44. ¿Quién comprenderá esta tierra y el terreno de Yama y este mundo de los devas ? ¿Quién investigará el bendito Camino de la Virtud como el experto que selecciona las mejores flores ?

45. El discípulo que se ejercita, comprenderá esta tierra y el terreno de Yama y el mundo de los devas.El discípulo que se ejercita, investigará el bendito Camino de la Virtud, como el experto que selecciona las mejores flores.

46. Percibiendo este cuerpo como la espuma y comprendiendo que es como un espejismo, aniquilará las espinas de las pasiones sensuales y burlará la vigilancia del rey de la muerte .

47. Al que recoge tan sólo las flores (de los placeres sensoriales)y cuya mente se distrae (en los objetos de los sentidos), la muerte le arrastra como una enorme inundación arrasa a un pueblo entero mientras duerme.

48. Al hombre que toma las flores (de los placeres sensoriales)y cuya mente se distrae, insaciable en sus deseos, el Destructor lo pone bajo su dominio.

49. Así como la abeja liba en la flor, sin dañar su color y esencia, y luego se aleja, llevándose únicamente la miel, así el sabio pasa por esta existencia.

50. No deberíamos considerar los fallos de los demás, ni lo que los otros han hecho o dejado de hacer, sino nuestros propios actos cometidos u omitidos.

51. Igual que una flor bella y de brillante color, pero sin perfume, así son de estériles las buenas palabras de quien no las pone en práctica.

52. Igual que una flor bella y de brillante color, y asimismo rebosante de perfume, son de fructíferas las buenas palabras de quien las pone en práctica.

53. De la misma manera que un montón de flores hacen muchas guirnaldas, así muchos actos buenos deben ser efectuados por aquel que nace como ser humane.

54. El perfume de las flores no se propaga contra el viento, como tampoco la fragancia de la madera del sándalo, del rododendro o del jazmín, pero la fragancia del virtuoso se esparce contra el viento. La del hombre virtuoso se expande en todas las direcciones.

55. Madera de sándalo, rododendro, loto, jazmín: muy superior a todas estas clases de fragancia es la de la virtud.

56. De pequeño alcance es la fragancia del rododendro o del sándalo, pero la de la virtud es suprema y se esparce incluso entre los dioses.

57. Mara no encuentra el sendero hacia aquellos que son perfectos en la virtud, viviendo vigilantes y libres de mancillas, a través de la perfecta realización (de las Verdades).

58-59. Del mismo modo que puede germinar y florecer un aromático loto en un estercolero, así, entre los ofuscados, deslumbra en sabiduría el discípulo que sigue al Perfecto Iluminado (el Buda).

Capítulo 5: Necios

60. Larga es la noche para aquel que está despierto. Largo es el camino para el viajero cansado. Larga es la existencia repetida para los necios que no conocen la Enseñanza sublime.

61. Si un hombre busca y no puede encontrar alguien que es mejor o igual que él, que prosiga reciamente la senda de la vida. No puede haber amistad con un necio.

62. «Tengo hijos, tengo riqueza», así contabiliza el necio en su mente. Pero él mismo no se pertenece.¡Cuánto menos los hijos y la riqueza!

63. Un necio consciente de su necedad es por tal razón un hombre sabio, pero el necio que piensa que es un sabio es verdaderamente un necio.

64. Aun si toda su vida un necio se asocia con un sabio, no comprenderá la Enseñanza, igual que la cuchara nunca captará el saber de la sopa.

65. Si un hombre inteligente se asocia con uno sabio, aunque sólo sea por un momento, rápidamente comprenderá la Enseñanza, como la lengua capta el saber de la sopa.

66. Necios, hombres de inteligencia inferior, se comportan como sus propios enemigos, cometiendo males actos que producen frutos amargos.

67. No está bien hecho aquel acto que causa remordimiento después de llevado a cabo, y cuyo resultado uno experimenta lamentándolo con lágrimas en la cara.

68. Bien hecho es aquel acto que no causa arrepentimiento y cuyo resultado uno experimenta con la mente llena de gran deleite y felicidad.

69. Mientras un mal acto cometido no da su fruto, durante ese tiempo el necio lo cree tan dulce como la miel, pero cuando el mal acto madura, el necio se enfrenta al dolor.

70. Aunque mes tras mes un necio sólo pudiera comer como mucho alimento un pellizco de hierba kusa, aun eso no sería la sexta parte.

71. Un acto malo ejecutado no da su fruto inmediatamente, igual que la leche no se vuelve agria enseguida.

Tal como el fuego cubierto de cenizas arde, así el mal acto persigue al necio quemándolo.

72. Para su ruina, por supuesto, consigue el necio conocimiento y fama, que oscurecen su destine y ofuscan su mente.

73. Ese necio desea reputación y prioridad entre los monjes, autoridad en los monasterios y honores entre otras familias.

74. Deja que laicos y monjes piensen que él es el que ejecuta cada trabajo, grande o pequeño, dejando que se refieran a él. Así es la ambición de este necio, aumentando sus deseos y su orgullo .

75. Mas, ciertamente, uno es el sendero que conduce a las conquistas mundanas y otro el que lleva al Nibbana. Comprendiéndolo así el monje, no se regocija con los favores mundanos, sino que cultiva el desapego.

Capítulo 6: El sabio

76. Si uno encuentra un hombre sabio, quien como un descubridor de tesoros te señala tus defectos y te llama la atención sobre los mismos, debe asociarse con tal persona. Uno irá bien y no mal en la compañía de esta persona.

77. Dejadle que os aconseje y exhorte y os disuada del error. Esta persona es valiosa para los nobles, pero desagradable para los mezquinos.

78. No os asociéis con amigos mezquinos; no mantengáis la compañía de hombres innobles. Asociaos con amigos nobles; conservad la compañía de los mejores entre los hombres.

79. Aquel que bebe en la fuente de la Enseñanza vive felizmente con una mente serena. El hombre sabio siempre goza en la Enseñanza proclamada por los nobles iluminados.

80. Los que riegan, canalizan el agua; los arqueros enderezan la flecha; los carpinteros tallan la madera; los sabios se disciplinan.

81. Como una sólida roca no se mueve con el viento, así el sabio permanece imperturbado ante la calumnia y el halago.

82. Como un lago profundo es transparente y tranquilo, así se vuelven los sabios al escuchar la Enseñanza.

83. El santo se desapega de todo y no se implica en la avidez sensual. Cuando le alcanza la felicidad o el sufrimiento, con sabiduría no se deja afectar ni por la euforia ni por el abatimiento .

84. Ni para sí mismo ni para otros desea hijos, riquezas o reinos; ni con equívocos busca su propio éxito.

Una persona así es, por supuesto, virtuosa, sabia y recta.

85. Pocos entre los seres humanos son los que cruzan a la otra orilla. La mayoría solamente suben y bajan por la misma orilla.

86. Pero aquellos que obran rectamente de acuerdo con la Enseñanza, que está bien establecida, cruzan más allá de las pasiones y alcanzan el Nibbana.

87-88. Viniendo desde el hogar al estado sin hogar, que el hombre sabio abandone los estados de ofuscación y cultive la lucidez. Por difícil que resulte, que busque el deleitamiento y el disfrute en el desapego. Superando los placeres sensuales, sin impedimentos, el sabio se libra a si mismo de las impurezas de la mente .

89. Aquellos que perfeccionan sus mentes en los Factores de Iluminación, sin ataduras, deleitándose en el abandono de la avidez,

esos, libres de corrupción, esclarecidos, alcanzan el Nibbana incluso en este mundo

.

Capítulo 7: El honesto

90. Para aquellos cuyo viaje está concluido, libres de dolor, plenamente liberados de todo y que han puesto fin a todas las ataduras, se extinguió el fuego (de las pasiones).

91. Se esfuerzan por permanecer atentos. A ningún lugar se apegan. Como cisnes que dejan su lago, abandonan lugar tras lugar y marchan.

92. Para ellos no hay acumulación, y su alimento no es otro que la Liberación, que es Vacío e Indefinible: tal es su objeto. Su curse es como el de los pájaros en el aire: no deja huella.

93. Uno tal ha eliminado las corrupciones, no está apegado al alimento; tiene como objeto la liberación, que es Vacía e Indefinible. Su andar, como el de los pájaros en el aire, no deja huella .

94. Aquel que controla firmemente sus sentidos, como el auriga sus caballos; aquel que está purificado del orgullo y desprovisto de las pasiones, a ese tal hasta los dioses envidian.

95. Como la tierra, una persona ecuánime y bien disciplinada no se resiente. Es comparable a una columna. Es como un lago cristalino. Alguien de tal ecuanimidad escapa a nuevos nacimientos .

96. Su mente es tranquila, tranquila es su palabra y tranquilos sus actos para quien está liberado a través del conocimiento perfecto, residiendo firme y en paz.

97. El hombre que no es crédulo, que ha comprendido lo Increado, que ha cortado las cadenas, ha puesto fin a la ocasión (del bien y del mal) y ha erradicado los deseos, ese hombre es el hombre supremo.

98. Verdaderamente delicioso es aquel lugar donde los iluminados moran: sea en el pueblo o en el bosque, sea en la espesura o en el claro.

99. Deliciosos son los bosques donde las personas comunes no encuentran placer. Allí disfrutan los que han quemado sus pasiones. Pues éstos no son buscadores de los placeres sensoriales.

Capítulo 8: Miles

100. Mejor que mil disertaciones, mejor que un mero revoltijo de palabras sin significado, es una frase sensata, al escuchar la cual uno se calma.

101. Mejor que mil versos de palabras inútiles, es uno con una simple y beneficiosa línea que al escucharla uno se serene.

102. Mejor es una simple palabra de la Doctrina -que pacifica al que la oye- que cien versos de innumerables palabras.

103. Más grande que la conquista en batalla de mil veces mil hombres es la conquista de uno mismo.

104-105. Mejor conquistarse a uno mismo que conquistar a los demás. Ni un dios ni un semidiós, ni Mara ni Brahma, pueden deshacer la victoria de aquel que se ha amaestrado a sí mismo y se conduce siempre

con moderación.

106. Aunque mes tras mes, hasta mil, uno hiciera ofrendas durante cien años, pero otro honrase a un iluminado solamente por un momento, esta reverencia es mejor que el sacrificio de cien años.

107. Aunque durante un siglo un hombre hiciera el rito del fuego en el bosque, si por un solo momento honrase a un iluminado, esta reverencia es mejor que el sacrificio del fuego durante un siglo.

108. Lo que uno ofrezca en este mundo durante un año, o los regales que efectúe para alcanzar mérito, es una nimiedad al lado de lo que representa honrar a aquel santo que es excelente .

109. Para el que cultiva el hábito de reverenciar constantemente a los mayores y respetarlos, cuatro bendiciones van en aumento: edad, belleza, bendición y fuerza.

110. Un solo día de la vida de una persona virtuosa y meditativa vale más que los cien anos de la vida de una persona inmoral y descontrolada .

111. Un solo día de la vida de una persona que se esfuerza con firme resolución vale más que cien años de la vida de una persona perezosa e indolente.

112. Un solo día de la vida de una persona que hace un intenso esfuerzo vale más que cien años en la vida de uno que es perezoso e inactivo.

113. Un solo día de la vida de una persona que comprenda cómo todas las cosas surgen y se desvanecen, vale más que cien años de la vida de una persona que no comprende cómo las cosas surgen y se desvanecen.

114. Un solo día de la vida de una persona que vea el Estado Inmortal vale más que cien días de la vida de una persona sin la visión del Estado Inmortal.

115. Un solo día de la vida de una persona que perciba la Sublime Verdad vale más que cien años de la vida de una persona que no perciba la Sublime Verdad.

Capítulo 9: El mal

116. Apresuraos en hacer el bien; refrenad vuestra mente hacia el mal, ya que quienquiera que es lento en hacer el bien, se recrea en el mal.

117. Si un hombre obra mal, que no lo haga una y otra vez, que no se recree en ello. Dolorosa es la acumulación del mal.

118. Si un hombre obra bien, que lo haga una y otra vez, que se recree en ello. Feliz es la acumulación del bien.

119. El malhechor todo lo ve bien hasta que su mala acción da fruto, pero cuando madura la fruta, entonces ve sus desafortunados efectos.

120. Incluso una buena persona puede experimentar dolor al obrar bien, pero en cuanto el fruto se produce, entonces experimenta los buenos resultados.

121. No penséis con ligereza sobre el mal diciéndoos «no vendrá a mí». Igual que un cántaro se llena gota a gota, del mismo modo el necio, acumulándolo poco a poco, se llena de maldad.

122. No penséis con ligereza sobre el bien diciéndoos «no vendrá a mí». Igual que un cántaro se llena gota a gota, del mismo modo el sabio, acumulándolo poco a poco, se llena de bondad.

123. Igual que un comerciante con una pequeña caravana transportando mucha riqueza evitaría un camino peligroso, y así como un hombre que ama la vida evitaría el veneno, así uno debería evitar el mal.

124. Del mismo modo que el veneno no puede dañar la mano que lo transporta, pues el veneno no afecta si no hay herida, así no sufre daño quien no está equivocado.

125. Quienquiera que hiere a un hombre inocente, puro y sin falta, aquel mal se vuelve contra ese necio, así como el polvo que se ha lanzado contra el viento.

126. Algunos nacen de matriz; los malévolos nacen en estados desgraciados; los autodominados van a estados benditos; los iluminados obtienen el Nibbana.

127. Ni en los cielos ni en medio del océano, ni en una gruta en las montañas se halla un lugar donde uno pueda permanecer a salve de las consecuencias de sus males actos.

128. Ni en los cielos ni en medio del océano, ni en una gruta en las montañas se halla un lugar donde uno pueda permanecer a salvo de la muerte.

Capítulo 10: Castigo

129. Todos tiemblan ante el castigo. Todos temen la muerte. Si comparamos a los otros con uno mismo, ni

mataremos ni provocaremos muerte .

130. Todos temen el castigo; todos aman la vida. Comparándose con los demás, uno no debe matar ni provocar la muerte.

131. Quienquiera que buscando su propia felicidad daña a los que igual que él la buscan, no la obtendrá después de la muerte.

132. Quienquiera que busca su propia felicidad y no daña a los que igual que él la buscan, la hallará después de la muerte.

133. No habléis agresivamente con nadie, porque los que atacáis podrán replicaros de igual manera . Las discusiones crean dolor y podréis recibir golpe por golpe.

134. Si permaneces en silencio, como un inservible gong, alcanzarás el Nibbana; hallarás la paz.

135. Igual que un vaquero con un palo conduce las vacas a la pradera, así la vejez y la muerte conducen la vida de los seres a su conclusión.

136. Cuando un necio obra mal, por sus propios hechos este estúpido hombre estará atormentando, como uno abrasado por el fuego.

137-138-139-140. Aquel que hiere con sus armas a los que son inocentes e inofensivos, pronto se precipitará en uno de estos estados: mucho dolor, heridas corporales o grave enfermedad, pérdida de la mente u opresión por un monarca, o graves acusaciones, o pérdida de familiares, o ruina, o un incendio que incluso arrase su hogar. Y tras la disolución del cuerpo nacerá en el infierno.

141. No es ir desnudo, ni tener el cabello enmarañado, ni permanecer sucio o ayunar, ni yacer en el suelo, ni embadurnarse el cuerpo con cenizas, ni caminar sin ponerse erguido, lo que puede purificar al mortal

que no se ha liberado de sus dudas.

142. Aunque vista correctamente, si vive en paz, sometidas las pasiones y controlados los sentidos, es puro y a nadie hiere, él es un Brahman, un asceta, un monje.

143. Es difícil hallar en este mundo alguien que, refrenado por la modestia, evite todo reproche, como el corcel evita el látigo.

144. Esforzaos y sed rigurosos, como lo es el corcel cuando siente el látigo. Por la confianza, la virtud, el esfuerzo, la concentración, la investigación de la Verdad, el recto conocimiento y conducta, la atención

mental, superaréis el gran sufrimiento.

145. Los que riegan, canalizan las aguas. Los fabricantes de flechas, las enderezan. Los carpinteros trabajan la madera. Los virtuosos se autocontrolan .

Capítulo 11: Vejez

146. ¿Qué risa, qué gozo puede haber cuando siempre se está ardiendo (en las pasiones) ? Si estuvierais envueltos en la oscuridad, ¿no buscaríais la luz ?

147. Contemplad este bello cuerpo, masa de dolores, montón de grumos, trastornado, en el que nada dura, nada persiste.

148. Decadencia para este cuerpo, nido de enfermedades, perecedero. Esta putrescible masa se destruye. Verdaderamente, la vida acaba en la muerte.

149. Como vacías calabazas en otoño son estos resecos huesos. ¿Qué placer hay en mirarlos?

150. Este cuerpo es una ciudadela hecha de huesos cubiertos de carne y sangre en donde se almacenan el envejecimiento y la muerte, el orgullo y el engaño.

151. Incluso los fastuosos carruajes reales envejecen. También el cuerpo envejece. Pero la Enseñanza de los Buenos nunca envejece. Así, lo Bueno permanece entre los Buenos.

152. Aquel que aprende poco, crece como un buey; crece en carne, pero no en sabiduría.

153. A través de muchas vidas he errado en el samsara buscando, pero no encontrando, al constructor de la casa. Sufrimiento total en este volver y volver a nacer.

154. ¡Oh, constructor de la casa! Ahora te he percibido. No volverás a construir esta casa. Todas las vigas han sido quebradas. Se ha aniquilado el soporte central. Mi mente ha alcanzado lo incondicionado.

Habiéndolo alcanzado, representa el fin del apego.

155. Al no haber vivido la noble vida, al no haber adquirido tal riqueza en su juventud, tales hombres desfallecen como viejas garzas en un estanque sin peces.

156. Aquellos que no han observado la Vida Santa, que en su juventud no han adquirido tesoros, se tornan como inútiles arcos, mirando hacia el pasado.

Capítulo 12: Autocontrol

157. Si uno se aprecia a sí mismo, deberá protegerse bien. El hombre sabio permanece atento en cada una de las tres vigilias.

158. Establézcase primero uno mismo en lo que es apropiado antes de aconsejar a los demás. Actuando de esta manera, el hombre sabio no caerá en desgracia.

159. Según aconseja a los demás, debe él mismo actuar. Bien controlado él mismo, puede guiar a los otros.

Verdaderamente es difícil controlarse a uno mismo.

160. Uno mismo es su propio refugio. ¡Qué otro refugio podría haber! Habiéndose controlado a uno mismo, se obtiene un refugio difícil de conseguir.

161. Por uno mismo es hecho el mal; en uno mismo nace y uno mismo lo causa. El mal muele al necio como el

diamante muele la dura gema.

162. La corrupción que sobrepasa al hombre es como la enredadera maluva estrangulando al árbol sala y lo convierte en aquello que para él desearía su propio enemigo.

163. De fácil ejecución son las cosas nocivas y dañinas. Lo bueno y beneficioso es verdaderamente difícil de hacer.

164. El hombre estúpido que, por su falsa visión, desprecia las enseñanzas de los Iluminados, los Nobles y los Rectos, cultiva frutos que, como le sucede al kashta, producen su propia destrucción .

165. Por uno mismo se hace el mal y uno mismo se contamina. Por uno mismo se deja de hacer el mal y uno mismo se purifica. La pureza y la impureza dependen de uno mismo. Nadie puede purificar a otro.

166. Por buscar el logro (espiritual) de los otros, no obstante, no debe uno ser negligente en la búsqueda del propio logro. Percibiendo claramente la propia meta, permita que otro intente su propio resultado.

Capítulo 13: El mundo

167. ¡No persigáis cosas mezquinas! ¡No viváis en la negligencia! ¡No abracéis falsos puntos de vista! ¡No apoyéis el mundo! (al prolongar el ciclo de la existencia y la continuidad : samsara).

168. ¡Despertaos! Nunca seáis negligentes. Seguid la ley de la virtud. El que practica la virtud vive felizmente en este mundo y en el próximo.

169. Seguid el sendero de la virtud y no el del mal. El que practica la virtud vive felizmente en este mundo y en el próximo.

170. Si uno percibe el mundo como una burbuja de espuma y como un espejismo, a ese no lo ve el Dios de la Muerte.

171. ¡Venid, contemplad este mundo adornado como un carro real donde los necios están inmersos! Pero para los sabios no existe ningún apego hacia aquél.

172. Pero el que antes era necio y después no, ese tal es como cuando la luna ilumina la tierra liberándose de las nubes.

173. Aquel cuyas buenas acciones superan las malas, ilumina este mundo como la luna emergiendo de las nubes.

174. Este mundo está ciego. Solamente unos pocos aquí pueden ver con claridad. Tan solo unos pocos van a un reino divino, como pájaros liberados de las redes.

175. Volando, los cisnes siguen el sendero del sol. Los hombres surcan el aire por poderes psíquicos. Los sabios se apartan de este mundo, habiendo conquistado a Mara y sus huestes.

176. No hay mal que no pueda hacer un mentiroso que haya transgredido la única Ley y que se muestra indiferente al mundo de más allá.

177. Verdaderamente los míseros no irán al reino celestial. Los necios no alcanzarán, por supuesto, la liberación. Los hombres sabios se regocijan en la generosidad y van a un reino más feliz .

178. Mejor que el poder sobre todo lo terreno, mejor que habitar en los cielos, mejor que el dominio sobre los vastos mundos, es el fruto del Vencedor de lo Ilusorio.

Capítulo 14: El Buda

179. Quien conquista la pasión, no vuelve a ser derrotado; ¿qué podría perturbar al Buda omnisciente, libre de cualquier pasión y cuyo camino conduce a él ?

180. Él, en quien no hay enredo, liberado de la avidez que hace renacer, ¿qué podría perturbar al Buda omnisciente y cuyo camino conduce a él?

181. Los sabios se adiestran en la meditación y se deleitan en la paz de la renuncia; tales Budas de mente perfecta incluso por los dioses son muy queridos.

182. Raro es el nacimiento como un ser humano. Difícil es la vida de los mortales. Extraño es escuchar la Sublime Enseñanza. Rara es la aparición de los Budas.

183. El abandono del mal, el cultivo del bien y la purificación de la mente: tal es la enseñanza de los Budas.

184. La paciencia y la tolerancia son la más alta ascesis. Los Budas proclaman que el Nibbana es el supremo. No es un renunciante ni un asceta el que agrede a los otros.

185. No reprochar, no hacer ningún daño, practicar la moderación según los preceptos fundamentales, ser moderado en la alimentación, residir en la soledad, aplicarse uno mismo a la concentración mental elevada, tal es la enseñanza de los Budas.

186-187. Ni un torrente de monedas de oro hace la felicidad levantando placeres sensuales. De pequeñas dulzuras y penas son los placeres sensuales. Conociendo esto, el hombre sabio no encuentra felicidad ni siquiera en placeres celestiales. El discípulo del Todo Iluminado se deleita en la aniquilación del apego.

188-189. Conducidos por el miedo, los hombres acuden a muchos refugios, a montañas, bosques, grutas, árboles y temples. Tales, empero, no son refugios seguros. Acudiendo a estos refugios, uno no se libera del dolor.

190-191-192. Pero aquel que toma refugio en el Buda, la Enseñanza y la Orden y ve con recta comprensión las Cuatro Nobles Verdades; tal es en realidad el refugio seguro; ése es en verdad el refugio supremo. Recurriendo a este refugio, uno se libera de todo sufrimiento.

193. Difícil es hallar al hombre de gran sabiduría: tal hombre no nace en cualquier parte. Cuando nace un hombre así, que la familia se sienta muy dichosa.

194. Feliz es el nacimiento de los Budas; feliz es la Enseñanza de la Doctrina sublime; feliz es la unidad de la Orden; feliz es la vida austera de los unidos.

195-196. Qué valiosa es la reverencia de aquel que reverencia al Buda y sus discípulos; éstos han superado los impedimentos y se han liberado de la pena y la lamentación. El mérito de quien reverencia a tales hombres pacíficos y sin miedo por nadie ni nada puede ser medido.

Capítulo 15: Felicidad

197. Verdaderamente felices vivimos sin odio entre los que odian. Entre seres que odian, vivamos sin odio.

198. Felices vivimos con buena salud entre los que están enfermos. Entre los que están enfermos, vivamos con buena salud.

199. Vivimos felices sin ansia entre aquellos que ansían. Entre aquellos que ansían, vivamos sin ansiar.

200. Felices vivimos porque no tenemos impedimentos. Llenémonos de gozo como dioses en la Esfera Radiante.

201. La victoria engendra enemistad. Los vencidos viven en la infelicidad. Renunciando tanto a la victoria como a la derrota, los pacíficos viven felices.

202. No hay fuego como el deseo; no hay mal como el odio; no hay nada más enfermo que el cuerpo; no hay mayor felicidad que la paz del Nibbana .

203. El hambre es la mayor aflicción; los agregados (cuerpo-mente) representan la mayor enfermedad. Percibiendo esta realidad, se alcanza el Nibbana, la dicha suprema.

204. La salud es la más alta posesión. El contento es el mayor tesoro. Un amigo de confianza es el mejor pariente. Nibbana es la más alta bendición.

205. Habiendo experimentado el saber de la soledad y de la quietud, libre de angustia y de atadura, se absorbe en el saber del gozo de la Doctrina .

206. Saludable es la visión de los Nobles; su compañía siempre resulta dichosa. No viendo a necios, uno permanecería siempre feliz.

207. Verdaderamente, quien permanece en compañía de necios se atribula durante mucho tiempo. La asociación con necios es incluso tan penosa como con un enemigo. Feliz es la compañía con un sabio, incluso tanto como el encuentro con un pariente.

208. Si hallas un hombre inteligente, sabio, con conocimiento, consistente, responsable y noble, con un hombre tal, virtuoso e inteligente, debe uno asociarse, como sigue la luna el sendero de las estrellas.

Capítulo 16: Apego

209. Aquel que se aplica a lo que debe ser evitado y no se aplica a lo que debe ser obtenido y abandona su búsqueda, abocándose a los placeres, envidiará al que ha procedido de modo contrario.

210. No identificarse con lo que es agradable ni identificarse con lo que es desagradable; no mirar a lo que es placentero ni a lo que es displacentero, porque en ambos lados hay dolor.

211. Evita la identificación con lo querido, porque la separación de ello representa dolor; las ataduras no existen para aquel que no hace diferencias entre querido y no querido.

212. Del placer nace el sufrimiento; del placer nace el miedo. Para aquel totalmente libre de placer no hay dolor, y mucho menos miedo.

213. Del deseo surge el dolor; del deseo surge el miedo. Para aquel que está libre de deseo ni hay dolor ni mucho menos miedo.

214. Del apego surge el sufrimiento; del apego surge el miedo. Para aquel que está libre de apego ni hay dolor ni mucho menos miedo.

215. De la avidez surge el sufrimiento; de la avidez surge el miedo. Para aquel que está libre de avidez ni hay dolor ni mucho menos miedo.

216. Del aferramiento surge el sufrimiento; del aferramiento surge el miedo. Para aquel que esta libre de aferramiento ni hay dolor ni mucho menos miedo.

217. El que es perfecto en virtud y Visión Cabal está establecido en la Doctrina, dice la verdad y cumple su deber y es venerado por la gente.

218. El que ha desarrollado el anhelo por lo Incondicionado tiene la mente motivada y no condicionada por los placeres materiales, es denominado uno que No-retorna.

219. Un hombre ausente por largo tiempo y que vuelve estando a salvo, recibe la mejor bienvenida de sus parientes y amigos.

220. Del mismo modo, los buenos actos que se efectúan en esta existencia recibirán la mejor bienvenida en la próxima, como el vecino recibe al ser querido que vuelve.

Capítulo 17: Ira

221. Uno debe liberarse del odio. Uno debe abandonar el orgullo. Uno debe despojarse de todas las ataduras. El sufrimiento no toma al que controla la mente, el cuerpo y sus pasiones.

222. A aquel que refrena el enfado que surge, de la misma manera que el que controla una cuadriga tambaleante, a ése llamo yo conductor. Los demás aguantan meramente las riendas .

223. Conquista al hombre airado mediante el amor; conquista al hombre de mala voluntad mediante la bondad; conquista al avaro mediante la generosidad; conquista al mentiroso mediante la verdad.

224. Uno debe decir la verdad y no ceder a la ira; si nos piden, hay que dar, aunque se posea poco; por medio de estas tres cosas, uno se hace merecedor de ir a la presencia de los dieses.

225. Aquellos sabios que son inofensivos y siempre se controlan corporalmente van a un estado sin muerte, donde residen sin ningún sufrimiento .

226. Se destruyen todas las contaminaciones de aquellos que siempre están vigilantes, que se autodisciplinan día y noche y que se esfuerzan totalmente en alcanzar el Nibbana.

227. El que sigue es un hecho de siempre, Atula: culpan al que permanece en silencio, culpan al que habla mucho y culpan al que habla moderadamente. No dejan a nadie en el mundo sin culpar.

228. No hubo nunca, ni habrá, ni hay ahora nadie, que pueda encontrarse en este mundo que deje de culpar o elogiar a otros.

229. La sabiduría brota en aquel que se examina día a día, cuya vida es intachable, inteligente, arropado con el conocimiento y la virtud.

230. ¿Quién podría culpar al que es como una pieza de refinado oro ? Incluso los dioses lo elogian; aun Brahma lo elogia.

231. Uno debe refrenar la mala conducta del cuerpo y controlarlo. Abandonando la mala conducta del cuerpo, uno debe adiestrarse en su buena conducta.

232. Uno debe refrenar la mala conducta del habla y controlarla. Abandonando la mala conducta del habla, uno debe adiestrarse en su buena conducta.

233. Uno debe refrenar la mala conducta de la mente y controlarla. Abandonando la mala conducta de la mente, uno debe adiestrarse en su buena conducta.

234. Los sabios se controlan en actos, en palabras y en pensamientos. Verdaderamente se controlan bien.

Capítulo 18: Impurezas

235. Como una amarillenta hoja eres tú ahora. Los mensajeros de la muerte te esperan. Te hallas en el umbral de la decadencia. ¿Dispones de provisiones ?

236. Haz una isla de ti mismo. Esfuérzate enseguida; conviértete en sabio. Purificado de contaminaciones y sin pasiones, penetrarás en el celestial estado de los Nobles.

237. Tu vida puede acabarse ahora. La presencia de la muerte está aquí. No hay lugar para detenerse en el camino. ¿Dispones de provisiones ?

238. Haz una isla de ti mismo. Esfuérzate sin demora; conviértete en sabio. Purificado de impurezas y sin pasión, te liberarás del próximo nacimiento de la ancianidad.

239. Gradualmente, poco a poco, de uno a otro instante, el sabio elimina sus propias impurezas como un fundidor elimina la escoria de la plata.

240. Al igual que el óxido surgido del hierro acaba comiéndose a sí mismo, así los actos conducen al malhechor a un estado lamentable.

241. La no-recitación es el óxido de los encantamientos; la falta de reparación es el óxido en las casas, como la falta de cuidado lo es de la belleza y la negligencia de la vigilancia.

242. T · conducta inadecuada es la falta de la mujer. La ruindad es la falta en el donante. Las acciones incorrectas son la falta tanto en este mundo como en el próximo.

243. Mas la peor de las faltas es la ignorancia; es la más grande. Abandonando las faltas, permanece sin mancilla, oh monje.

244. Fácil es la vida de un sinvergüenza que, con la osadía de un cuervo, es calumniador, impertinente, arrogante e impuro.

245. Difícil es la vida de un hombre modesto que siempre busca la pureza, que es desapegado, humilde, cuya manera de vivir es limpia y reflexiva.

246-247. Cualquiera que destruya la vida, diga mentiras, hurte, vaya en búsqueda de las mujeres de los otros, y sea adicto a los licores y tóxicos, en esta misma vida arrancará su propia raíz (felicidad).

248. Sepa entonces, ¡oh, buen hombre!, «no de fácil control son las cosas perniciosas». No dejes que el deseo y el odio te arrastren por el camino del sufrimiento durante largo tiempo.

249. La gente da de acuerdo con su bondad y como le place. Si uno está envidioso de comida o de bebida de los otros, no podrá hallar la paz ni de noche ni de día.

250. Pero el que supera este sentimiento por complete, lo somete y lo destruye, obtiene paz de día y de noche.

251. No hay fuego como el deseo; no hay atadura como el odio; no hay red como la ilusión; no hay río como la avidez.

252. Fácil es ver los fallos de los demás, pero los propios fallos son difíciles de ver. Uno aventa, como la paja, los fallos de los demás, pero esconde los propios como el cazador se esconde a sí mismo.

253. Fácilmente, las personas ven las faltas en los otros, pero difícilmente en sí mismas. Como paja diseminada al viento, difunde uno las faltas de los otros, mientras esconde las propias como camufla sus

dados el hábil jugador.

254. El que ve las faltas de los otros y se irrita, en ese crecen las mancillas. Está lejos de poder destruir esas mancillas.

255. No hay senda en el cielo. Debe el Santo hallar la suya. La Humanidad se recrea en los impedimentos (obstáculos)* Los Budas están libres de impedimentos.

Capítulo 19: El justo

256. Aquel que decide un caso con parcialidad no es justo. El sabio debe investigar imparcialmente tanto lo correcto como lo incorrecto.

257. Está establecido verdaderamente en la buena ley aquel sabio que, guiado por ella, decide lo justo y lo injusto con imparcialidad.

258. No se vuelve uno sabio tan sólo con hablar mucho. Aquel que es apacible, libre de odio y miedo (y no

causa miedo), es llamado un hombre sabio.

259. No está uno versado en la Doctrina por hablar mucho. Aquel que habiendo escuchado la Doctrina no la ignora y la observa, ese tal es uno versado en la Doctrina.

260. No se es un Thera (venerable) únicamente porque se tenga el cabello canoso. Ese tal puede ser sólo maduro en edad, y de él se dirá que «es un hombre que ha envejecido en balde».

261. En aquel que hay verdad, perfecto comportamiento, no violencia, abstinencia y autocontrol, ese sabio que ha descartado las impurezas, sí es llamado un venerable.

262. Si un hombre es celoso, avaro y mentiroso, no es a través de las meras palabras, el aspecto y la belleza como se volverá un hombre de buena voluntad.

263. Pero el que ha superado y eliminado esas contaminaciones y se ha convertido en un hombre sabio, liberado de odio, ése, por supuesto, es un hombre de buena voluntad.

264. No por afeitarse la cabeza, un hombre indisciplinado y mentiroso se vuelve un asceta. ¿Cómo podría ser un asceta si está lleno de anhelo y deseo ?

265. El que logra sojuzgar todo mal, pequeño o grande, ése es un monje, porque ha superado todo mal.

266. No es meramente un monje el que vive de la caridad de los otros, sino aquel que observa el código de conducta y por ello se hace merecedor de tal condición.

267. El que ha trascendido tanto el mérito como el demérito, que sigue la noble vida pura y vive con comprensión en este mundo, a ése verdaderamente se le denomina monje.

268. Observando (voto de) silencio, el hombre no educado y necio no se vuelve un sabio. Pero el hombre sabio que, como si sostuviera una báscula, escoge lo que es bueno y descarta lo malo, es un verdadero sabio.

269. Por esta misma razón es un sabio. El que comprende el mundo (su naturaleza) por dentro y por fuera, es llamado un sabio.

270. No es un hombre noble, un santo, si daña seres sintientes. El que cultiva el amor benevolente hacia todos los seres es llamado noble .

271-272. No es sólo por la mera moralidad y la austeridad, ni por la erudición, ni por el desarrollo mental de la concentración, ni viviendo en retire, ni pensando «gozo de la bendición de la renuncia negada a las personas mundanas», como uno debe sentirse satisfecho, sino que el monje debe conseguir la extinción de todas las contaminaciones .

Capítulo 20: La Senda

273. De los Senderos, el Octuple Sendero es el mejor. De las Verdades, las Cuatro Nobles Verdades. El Desapego es el mejor de los estados mentales, Y de los hombres, el hombre de visión clara.

274. Únicamente, éste es el Sendero. No hay otro para la purificación de la visión. Seguid este Sendero y confundiréis a Mara.

275. Siguiendo este Sendero, pondréis fin al sufrimiento. Habiendo yo aprendido el proceso de arrancar la flecha del deseo, proclamo este Sendero .

276. Vosotros mismos tenéis que esforzaros. Budas sólo son los que indican el camino. Aquellos que entran en el Sendero y cultivan la meditación se liberan de las garras de Mara.

277. "Todos los fenómenos condicionados son impermanentes." Cuando uno comprende esto con sabiduría,

entonces uno se hastía de tal insatisfactoriedad. Éste es el Sendero de la purificación.

278. «Todos los fenómenos condicionados están sujetos al sufrimiento.» Cuando uno comprende esto con

sabiduría, se hastía de tal insatisfactoriedad. Este es el Sendero de la purificación.

279. "Todos los fenómenos condicionados son impersonales." Cuando uno comprende esto con sabiduría, entonces uno se hastía de tal insatisfactoriedad. Éste es el Sendero de la purificación .

280. El que no se esfuerza cuando es el memento de esforzarse; el que, aún joven y fuerte, es indolente;el que es bajo en mente y pensamiento, y perezoso, ese vago jamás encuentra el Sendero hacia la

sabiduría.

281. Vigilante del habla y bien controlado en mente, que no haga mal con el cuerpo; que purifique esas tres vías de acción y alcance el sendero mostrado por los Sabios.

282. Verdaderamente, de la meditación brota la sabiduría. Sin meditación, la sabiduría mengua. Conociendo el doble camino de la ganancia y la pérdida, debe conducirse uno mismo de manera tal que

pueda aumentar la sabiduría.

283. Devasta el bosque de las pasiones. Desde el bosque de las pasiones emerge el miedo. Devastando el

bosque y la maleza de las pasiones, permaneced, oh monjes, libres de éstas.

284. Aun el mínimo deseo del hombre hacia la mujer, si no es aniquilado, atará mucho tiempo su mente, como el becerro a su madre la vaca.

285. Elimina tu arrogancia como se arranca la lila en otoño. Cultiva el Sendero de la paz. El Nibbana ha sido mostrado por el Iluminado.

286. Aquí viviré en la estación de las lluvias; aquí viviré en el otoño y en el invierno: así proyecta el necio. No se da cuenta del peligro de muerte .

287. La muerte alcanza y se lleva a aquel cuya mente está anclada en sus hijos y rebaños, como un gran río anega a un pueblo mientras duerme .

288. Los hijos no ofrecen ninguna protección, ni el padre, ni los parientes. Para aquel que está agarrado por la muerte, no puede haber refugio en ningún pariente.

289. Comprendiendo este hecho, que el hombre sabio, refrenado por la moralidad, aclare rápidamente el Sendero que conduce al Nibbana.

Capítulo 21: Miscelánea

290. Si al renunciar a una pequeña felicidad se vislumbra una felicidad mayor, entonces que el hombre sabio renuncie a la felicidad más pequeña en vista de la felicidad mayor.

291. Aquel que desea su propia felicidad causando sufrimiento a los otros, no está liberado del odio, puesto que él mismo está apresado en las redes del odio.

292. Lo que debería hacerse, no se hace. Lo que no debería hacerse, se hace: las impurezas, los impulses contaminantes de tales personas, arrogantes y negligentes, crecen.

293. Aquellos que siempre persisten en la práctica de «la atención sobre el cuerpo», y no hacen lo que no debe hacerse, y constantemente hacen lo que debe hacerse, esos atentos y reflexivos ponen términos a las corrupciones.

294. Habiendo eliminado a la madre (avidez)y al padre (orgullo)y a los dos reyes (infinitismo y nihilismo), y habiendo destruido a un reino y sus habitantes (apego), uno se convierte en un iluminado.

295. Habiendo eliminado a la madre y al padre y a los dos reyes, y habiendo destruido el peligroso sendero (de los deseos sensoriales), se marcha sin dolor hacia el estado de iluminado.

296. Bien alertas se mantienen los discípulos del Buda, y tanto de día como de noche siempre recuerdan al Buda.

297. Bien alertas se mantienen los discípulos del Buda, y tanto de día como de noche siempre recuerdan la Doctrina.

298. Bien alertas y atentos se mantienen los discípulos del Buda, y tanto de día como de noche siempre recuerdan la Orden.

299. Bien alertas y atentos se mantienen los discípulos del Buda, y tanto de día como de noche siempre están vigilantes a las sensaciones del cuerpo.

300. Bien alertas y atentos se mantienen los discípulos del Buda, y tanto de día como de noche se deleitan en no hacer daño.

301. Bien alertas y atentos se mantienen los discípulos del Buda, y tanto de día como de noche se deleitan en la meditación.

302. Difícil es renunciar; difícil es gozar. Difícil y penosa es la vida familiar. Penosa es la asociación con los que nos son incompatibles. Penosa es la larga ruta del samsara. Para evitarla, no persigas el mal.

303. El que está lleno de confianza y virtud, posee gloria y riqueza y es honrado dondequiera que esté o dondequiera que vaya.

304. Incluso desde un lugar tan lejano como las montañas del Himalaya, los buenos relucen. Pero los malevolentes, aunque cercanos, son invisibles, como las flechas lanzadas en la noche.

305. Aquel que se sienta solo, descansa solo, pasea solo, se autocontrola en soledad, hallará dicha en el bosque.

Capítulo 22: La desgracia

306. El que no dice la verdad, va a un estado totalmente desgraciado, y también el que habiendo hecho algo dice que no lo hizo. Ambos, por igual, después de la muerte pagarán sus acciones en otro mundo.

307. Muchos que visten la túnica amarilla son de mala disposición y descontrolados. Debido a la suma de sus perversas acciones, nacerán en un estado desgraciado.

308. Más valdría que el perverso se tragase una bola de acero candente como una llama de fuego, que ser

inmoral y descontrolada persona tomando las limosnas que le ofrecen las gentes.

309. Cuatro calamidades se precipitan sobre el hombre negligente que se asocia con mujeres de otros: la adquisición de deméritos, pérdida de sueño, sentimiento de culpa y un estado de lamentación .

310. Hay adquisición de deméritos lo mismo que hay un buen y un mal destino. Breve es la alegría del hombre y la mujer asustados. El Rey impone un grave castigo. Ningún hombre debe frecuentar a la mujer de otro .

311. De la misma manera que una brizna de hierba kusa mal cogida con la mano la corta, así la vida de un asceta mal enfocada le conduce a un estado de desgracia.

312. Cuando lo que debe ser hecho no es hecho, hay práctica corrupta y la vida santa es dudosa, no sobreviene ningún fruto.

313. Si algo debe ser hecho, uno debe hacerlo. Uno debe ir ascendiendo con firmeza, liberándose de los extremes.

314. Es mejor evitar hacer la mala acción, porque ésta es seguida por el remordimiento; mejor hacer la buena acción, tras la cual no se produce ningún estado de lamentación.

315. Como una ciudad fronteriza, bien custodiada por dentro y por fuera, guárdese uno a sí mismo. Que no descuide la oportunidad; para aquellos que descuidan la oportunidad, habrá nacimiento en un doloroso estado.

316. Aquellos que se avergüenzan cuando no deberían avergonzarse y que no se avergüenzan cuando deberían hacerlo, están condicionados por equivocados puntos de vista y se conducen hacia un estado de dolor.

317. Aquellos que temen lo que no debe ser temido y no temen lo que debe ser temido, están condicionados por equivocados puntos de vista y se conducen hacia un estado de dolor.

318. Imaginan como equivocado lo que no es equivocado y como no equivocado lo que sí lo es: seres que mantienen tales falsos puntos de vista se desploman en un estado de dolor.

319. Conociendo lo equivocado como equivocado y lo acertado como acertado: esos seres, adoptando la visión correcta, alcanzan un estado de felicidad.

Capítulo 23: El elefante

320. De la misma manera que un elefante en el campo de batalla soporta la flecha que se le lanza desde un arco, así uno debe soportar las abusivas palabras que se le dirijan. Verdaderamente, la mayoría de los hombres poseen una naturaleza enferma.

321. Llevan a una asamblea elefantes entrenados. El rey monta el animal entrenado. Los mejores entrenados entre los hombres son los que resisten el abuse.

322. Excelentes son las mulas entrenadas, así como los briosos corceles del Sind y los nobles y sólidos elefantes; pero mucho mejor es el que se ha ejercitado a sí mismo.

323. Seguramente, jamás con tales vehículos se alcanzará el Nibbana, sino controlándose a través del sometimiento y el autoentrenamiento.

324. El incontrolable elefante Dhanapalaka, cuando está en cautiverio, no come, porque recuerda al elefante del bosque.

325. El estúpido, cuando es torpe, glotón, perezoso y se enfanga como un cerdo en la pocilga, renacerá una y otra vez.

326. Previamente, esta mente vagaba donde le placía, como a ella se le antojaba. Hoy, con sabiduría, yo la controlaré como el conductor controla el elefante en ruta.

327. Gozar de la atención pura, vigilad vuestras mentes, salid del fango de las pasiones como lo conseguiría un elefante hundido en el fango.

328. Si encontráis un amigo inteligente (quien es apropiado) para acompañaros, de buena conducta y prudente, en tal caso vivid con él felizmente y vigilantes, venciendo todos los obstáculos.

329. Si no encontráis un amigo inteligente para acompañaros, de buena conducta y sagaz, entonces vivid solos como el rey que ha renunciado al país conquistado, o como un elefante que se pasea a voluntad por el bosque.

330. Es mejor vivir solo; no hay amistad con un necio. Que uno viva solo, evitando todo mal, estando libre de preocupaciones, como un elefante paseándose solo por el bosque.

331. Es deseable tener amigos cuando surge una necesidad; feliz aquel que está contento con cualquier cosa que haya; el mérito obtenido es agradable (consolador) cuando el fin de la vida se avecina; feliz es el abandono de todos los sufrimientos .

332. En este mundo proporciona felicidad atender a la madre; felicidad atender al padre; felicidad atender a los ascetas, y felicidad, también, atender a los Nobles.

333. Feliz es la virtud milenaria; feliz es la confianza bien establecida; feliz es la adquisición de la sabiduría; feliz es la abstención del mal.

Capítulo 24: Avidez

334. Los deseos de un hombre negligente crecen como la enredadera maluva. El corre de aquí para allá (de una a otra vida) como un mono en el bosque buscando la fruta.

335. Quienquiera que en este mundo es vencido por el vasto deseo, el apego, sus penas crecerán como la hierba birana después de haber llovido.

336. Pero quienquiera que en este mundo vence el vasto deseo, tan difícil de doblegar, sus penas le abandonarán como el agua se desliza por la hoja del loto.

337. Yo declaro esto: ¡Afortunados los que os habéis reunido aquí! Cortad las raíces de la avidez como el que corta la dulce raíz de la birana. No seáis como el junco, al que Mara arrasa una y otra vez.

338. De la misma forma que un árbol cortado crece de nuevo si sus raíces están firmes e intactas, de igual modo, cuando permanecen las raíces del deseo sin haber sido destruidas, el sufrimiento surge una y otra vez.

339. Las treinta y seis corrientes del deseo que arrastran hacia el placer vigorosamente, encadenan a la persona de mente ofuscada, llevándola tras el torrencial apego.

340. Las corrientes (del deseo) fluyen por todas partes. Sus raíces retoñan y se desarrollan. Contemplando cómo retoñan, hay que cortar esas raíces con la sabiduría.

341. En los seres surgen los placeres y son saturados por la avidez. Inclinados hacia la felicidad, buscan la felicidad. Verdaderamente, tales hombres nacerán y decaerán.

342. Acorralados por la avidez, están aterrados como liebres cautivas. Encadenados por grilletes, hallarán sufrimiento una y otra vez por mucho tiempo.

343. Los seres humanos atrapados en el deseo sienten el mismo terror que una liebre atrapada en el cepo. Por ello, que abandone el deseo aquel monje que desea el desapego.

344. Quienquiera que, liberado del deseo, encuentra disfrute en el bosque, pero más adelante es tentado por el deseo y vuelve a casa, tal hombre, ¡cotempladlo!, era libre y ha vuelto a la esclavitud.

345, Aquello que es fuerte no es la atadura hecha de hierro, madera o cuerda, sino el apego a piedras preciosas y adornos, el anhelo de mujer e hijos, tal es la gran atadura.

346. La atadura es fuerte, dicen los sabios. Pero incluso esta atadura que amarra a los seres -que se afloja, pero tan difícil es de cortar totalmente-, los sabios acaban cortándola definitivamente y, abandonando los placeres de los sentidos, libres de anhelos, renuncian.

347. Aquellos que están infatuados con la codicia penetran en una corriente que les atrapa como la tela que la araña ha tejido de sí misma. Por esta razón, el sabio corta con todo ello y se aleja abandonando toda tribulación.

348. Abandonad el apego al pasado; abandonad el apego al futuro; abandonad el apego al presente. Cruzando a la otra orilla del devenir, la mente, liberada por todas partes, no retornaréis al nacimiento y el envejecimiento.

349. El que se perturba con perversos pensamientos, que es excesivamente ávido, que se recrea en pensamientos de apego y aumenta más y más la avidez, hace cada vez más sólidos los grilletes de Mara.

350. El que se recrea en someter los males pensamientos, medita en las impurezas del cuerpo, permanece muy atento y se esfuerza por superar la avidez, él se libera de los grilletes de Mara.

351. El que ha alcanzado la meta, sin miedo, permanece sin avidez, desapasionado, ha eliminado las espinas de la vida. Este es su último renacimiento .

352. El que permanece sin avidez ni aferramiento, y es sagaz en la etimología y los términos, y conoce los grupos de letras y sus secuencias, está llamado a vivir su último renacimiento, siendo un gran hombre de profunda sabiduría.

353. Yo todo lo he dominado, todo lo conozco. De todo me he desapegado. A todo he renunciado. He destruido totalmente toda avidez. Habiendo comprendido todo por mí mismo, ¿a quién llamaré mi maestro?

354. El regale de la Verdad es más excelso que cualquier otro regale. El saber de la Verdad es más excelso que cualquier otro saber. El placer de la Verdad es más excelso que cualquier otro placer. El que ha destruido la avidez, ha superado todo sufrimiento.

355. La riqueza arruina al necio, que no busca el Nibbana. Por culpa del aferramiento a las riquezas, los hombres ignorantes se arruinan a sí mismos y a los otros.

356. La cizaña daña los campos como la avidez a la humanidad. Por lo tanto, cuando se produce sin avidez, los frutos son abundantes.

357. La cizaña daña los campos como el odio daña a la humanidad. El que se desembaraza del odio, produce abundantes frutos.

358. La cizaña daña los campos como la ignorancia a la humanidad. Por lo tanto, el que se desembaraza de

la ignorancia, produce abundantes frutos.

359. La cizaña daña los campos como la codicia daña a la humanidad. Por lo tanto, el que se desembaraza de la codicia, produce abundantes frutos.

Capítulo 25: El monje

360. Refrenar el ojo es bueno. Refrenar el oído es bueno. Refrenar la nariz es bueno. Refrenar la lengua es bueno.

361. Refrenar el cuerpo es bueno. Refrenar la palabra es bueno. Refrenar la mente es bueno. El control general es bueno. El monje que se controla completamente es liberado de todo dolor.

362. Aquel que se controla en mano, en pie y en habla, poseyendo el más alto control, gozando interiormente, dominado, solo, contento, ése es llamado monje.

363. Dulces son las palabras del monje que ha amaestrado su lengua, que se expresa con sabiduría, que no es petulante y que expone el significado del texto.

364. Que el monje more en la Doctrina, que se deleite en la Doctrina, que medite en la Doctrina, que recuerde bien la Doctrina, que no se extravíe de la sublime Doctrina.

365. Uno no debe despreciar lo que uno ha recibido, no debe envidiar lo de los otros. El monje que envidia a los otros no alcanza la calma mental.

366. Aunque reciba muy poco, el monje no lo desprecia, e incluso los dioses veneran a ese de vida pura y esforzada.

367. El que no piensa «yo» y «mío» con respecto a su mente y a su cuerpo, y que no se tribula por lo que

es o no es, ése, por supuesto, es denominado un monje.

368. El monje que permanece en el amor benevolente, que goza en la Doctrina, alcanza el Nibbana, que es la superación de todos los fenómenos condicionados.

369. Vacía, oh monje, esta barca (de la vida). Vaciada por ti, se moverá con celeridad. Eliminando la avidez y las pasiones, viajarás hacia el Nibbana.

370. Libérate de cinco cosas, rechaza cinco cosas, cultiva cinco cosas. El monje que va más allá de las cinco ataduras es denominado "El que cruza de la corriente".

371. Medita, oh monje. No seas inatento. No dejes que tu mente se disperse con placeres sensuales. No permanezcas inatento y te dejes consumir como una bola de acero. Abrasándote, no tendrás que gritar:

"Esto es sufrimiento."

372. No hay concentración para el que no tiene sabiduría; no hay sabiduría para el que no se concentra.

En aquel que hay concentración y sabiduría, ése verdaderamente está próximo al Nibbana .

373. Aquel monje que ha entrado en un lugar vacío, la mente calmada y capaz de ver con Visión Cabal la Doctrina, consigue la dicha suprema que trasciende la de los hombres.

374. Al contemplar el surgir y desvanecerse de los Agregados" (mente-cuerpo), experimenta dicha y felicidad. El que tal percibe, llega al Nibbana.

375. Esto es lo que llega a ser lo principal para un monje: control sensorial, contento, observancia estricta del Código de Conducta, asociación con benévolos y energéticos amigos que viven con total pureza.

376. Sea cordial en sus maneras y refinado en su conducta; saturado de gran júbilo, logrará poner fin a todo sufrimiento.

377. Como palidecen y caen las flores del jazmín, arrojad fuera y totalmente la avidez y la malevolencia

.

378. El monje que es calmo en cuerpo, calmo en la palabra, calmo en la mente, bien dispuesto y que se ha despojado de las cosas mundanas, es verdaderamente denominado "uno en plena paz".

379. ¡Oh, monje!, mírate a ti mismo con ojos críticos; examínate a ti mismo. Cuidando de ti mismo y vigilante, ¡oh, monje!, vivirás felizmente.

380. Uno mismo es su propio protector; uno mismo es su propio refugio. Por lo tanto, que uno mismo se cuide de la misma forma que el vendedor de caballos cuidará al buen caballo.

381. Lleno de alegría, lleno de confianza en la Enseñanza del Buda, el monje obtendrá el Estado de Paz, no afectado ante los fenómenos condicionados, jubiloso.

382. El monje que mientras es joven se aplica a la Enseñanza del Buda, ilumina este mundo como la luna libre de nubes.

Capítulo 26: El noble

383. Esforzado y resistente, cruza la corriente. Descarta, oh noble, los deseos sensoriales. Conociendo la aniquilación de los fenómenos condicionados, sé, oh noble, un conocedor del Nibbana.

384. Mediante la meditación y la Visión Cabal, el noble alcanza la más alta Sabiduría y, liberándose de toda atadura del que sabe, se extingue.

385. Aquel para el que no existe ni esto ni aquello, ni «yo» ni «mío», está alerta y liberado de las pasiones, a ése llamo yo un noble.

386. Al que es meditativo, puro y tranquilo, que ha llevado a cabo su deber y está libre de corrupciones, habiendo alcanzado la más Alta Meta, a ése llamo yo noble.

387. El sol brilla de día; la luna brilla de noche; en su armadura brilla el rey guerrero; en la meditación brilla el noble. Pero todo el día y toda la noche brilla el Buda en su esplendor.

388. Porque ha descartado el mal, es llamado noble; porque vive en paz, es llamado monje; porque ha

abandonado las impurezas, es llamado recluso.

389. Nunca debe dañarse a un noble, ni deberá el noble devolver el daño al que se lo ha provocado. Se avergüence aquel que lastime a un noble. Más se avergüence el noble que quiera vengarse .

390. No es pequeña la recompensa del noble que no toma represalias. Cuando la mente es apartada del placer y cesa el intento de dañar, el sufrimiento amaina.

391. El que no comete ningún mal con el cuerpo, la palabra y la mente, el que se autocontrola en estos tres aspectos, a ése llamo yo noble .

392. Reverénciese devotamente a cualquiera que haya comprendido la Doctrina predicada por el Iluminado, como un brahmán reverencia el sacrificio del fuego.

393. No por dejarse el pelo trenzado, ni por el linaje, ni por el nacimiento se vuelve uno un noble, sino aquel que es verdadero y recto, puro, ése es un noble.

394. ¿De qué sirve el pelo trenzado, oh necio ? ¿De qué sirve tu ropa de antílope ? Interiormente estás lleno de pasiones, pero permaneces limpio por fuera.

395. Al hombre que lleva túnica hecha de apaños, que es delgado, de vigorosas venas, que medita solo en

el bosque, a ése llamo yo noble.

396. Yo no llamo merecidamente noble a uno porque ha nacido en tal linaje o de madre brahmín. No puede serlo merecidamente quien no se ha liberado de los impedimentos. El que está libre de impedimentos (mentales), libre de ataduras, a ése llamo noble.

397. El que ha cortado todas las ataduras y no tiembla, el que ha ido más allá de toda atadura y es libre, a ése llamo yo noble.

398. El que ha cortado la correa (de la malevolencia), las riendas (de la codicia) y la cuerda (de las herejías), junto con la erradicación de las tendencias latentes, y ha diluido la ignorancia y es un iluminado, a ése llamo yo noble .

399. El que sin odio padece reproches, golpes y castigos, para quien la paciencia es su arma y poder, a ése llamo yo noble.

400. Quien carece de cólera, pero es firme, virtuoso, libre de avidez, autocontrolado y que éste será su último renacimiento, a ése llamo yo noble .

401. Aquel que como el agua en la hoja del loto, o como el grano de mostaza en la punta de una aguja, no

se agarra a los placeres, a ése llamo yo noble.

402. Al que en esta vida ha efectuado la aniquilación del sufrimiento, que es libre de sus Agregados (cuerpo-mente) y se ha emancipado de las trabas mentales, a ése llamo yo noble.

403. Aquel cuya sabiduría es profunda, que posee la Visión Cabal, adiestrado en conocer cuál es el sendero correcto y cuál el equivocado, que ha alcanzado el final más elevado, a ése llamo yo noble.

404. Quien no intima con los que tienen hogar ni con los que no lo tienen, que libre vagabundea, sin deseos, a ése llamo yo un noble.

405. Aquel que ha dejado de lado el palo de la violencia hacia los seres, débiles o fuertes, que no mata ni causa muerte, a ése llamo yo noble.

406. Aquel que es amigo entre los hostiles, controlado entre los armados, desapegado entre los apegados, a ése llamo yo noble.

407. Aquel cuyo deseo y odio, orgullo e ignorancia han caído como la semilla de mostaza desde la punta

de la aguja, a ése llamo yo noble.

408. Aquel que sólo profiere palabras gentiles, instructivas y veraces, que habla sin ofender a nadie, a ése llamo yo noble.

409. Aquel que en este mundo no coge nada que no le den, sea valioso o sin valor, pequeño o grande, agradable o desagradable, a ése llamo yo noble.

410. Aquel que no tiene anhelos en este mundo ni en el próximo, libre de deseos y emancipado, a ése llamo

yo noble.

411. Aquel que a través del conocimiento, está libre de dudas, y se ha establecido firmemente en el Nibbana, a ése llamo yo noble.

412. Quien ha trascendido las ataduras tanto del mal como del bien, libre de pena, libre de contaminaciones y puro, a ése llamo yo noble.

413. Aquel que está libre de mancha, inmaculado como la luna, puro, absolutamente sereno y claro, que ha

destruido la sed del devenir, a ése llamo yo noble.

414. Quien ha superado la avidez, este dificultoso sendero, el océano de vida, la ignorancia, el que ha cruzado y llegado más allá, que es

meditativo, libre de aferramiento y dudas, que a nada se encadena y ha alcanzado el Nibbana, a ése llamo yo noble.

415. El que ha abandonado los deseos sensoriales, ha renunciado a la vida mundana y no tiene hogar, ha destruido todos los deseos sensoriales y devenido libre, a ése llamo yo noble.

416. Aquel que en este mundo ha superado la avidez, renunciando a la vida mundana y viviendo sin hogar,

el que ha destruido la avidez y devenido libre, a ése llamo yo noble.

417. Aquel que ha descartado las ataduras mundanas y celestes, y está completamente liberado de ellas,

a ése llamo yo noble.

418. El que está más allá del placer y el displacer serene, sin manchas, y que ha conquistado sus Agregados (mente-cuerpo), y es tenaz, a ése llamo yo noble.

419. Aquel que conoce el camino de los seres que mueren y renacen, que no se apega, que camina hacia el

Nibbana y se ilumina, a ése llamo yo noble.

420. Aquel cuyo destine ni los dieses ni los semidioses, ni tampoco los hombres conocen, que ha destruido

todas las impurezas y que ha conseguido la meta, a ése llamo yo noble.

421. Aquel que no se agarra a los Agregados, que son pasado, futuro o presente, que permanece sin

encadenarse y sin aferramiento, a ése llamo yo noble.

422. Aquel sin miedo, el noble, el héroe, el gran sabio, el conquistador, sin deseos, el limpio, el iluminado,

a ése llamo yo noble.

423. Aquel sabio que conoce sus vidas previas, que percibe el cielo y el infierno, que ha llegado al final de los nacimientos y que ha alcanzado el Conocimiento Supremo y ha completado su labor viviendo la vida santa, a ése llamo yo noble .

SOBRE EL AUTOR

Buda Gautama, también conocido como Siddhārtha Gautama, Shakyamuni o simplemente el Buda, era un sabio en cuyas enseñanzas se fundó el budismo. Se cree que han vivido y enseñado sobre todo en el noreste de la India en algún momento entre los siglos VI e IV A.C..

La palabra Buddha significa "despierto" o "el iluminado". "Buda" se usa también como título por el primer despertar en una era de Yuga. En la mayoría de las tradiciones budistas, Siddhartha Gautama es considerado como el Buda Supremo (sammāsambuddha de Pali, sánscrito samyaksaṃbuddha) de la presente edad. Gautama enseñó un camino medio entre indulgencia sensual y el severo ascetismo encontró en el movimiento śramaṇa común en su región. Él enseñó más adelante en las regiones del este de la India como Magadha y Kosala.

Gautama es la figura principal en el budismo y las cuentas de su vida, los discursos y las reglas monásticas se cree por los budistas que han sido resumidas después de su muerte y memorizadas por sus seguidores. Varias colecciones de enseñanzas atribuidas a él fueron transmitidas por tradición oral y comprometidos primero a escrito unos 400 años más tarde.

Made in the USA
Monee, IL
09 April 2021

65211219R00056